DU VOTE

DE L'IMPÔT.

Mon fils, payez bien, pendez bien,
et vous serez bien servi.

(*Dernières paroles de Cromwell.*)

PARIS,

A. PIHAN DELAFOREST,

Imprimeur de Monsieur le Dauphin et de la Cour de Cassation,

RUE DES NOYERS, Nº 37.

1829.

C'est à un membre de la commission du budget de l'an dernier, homme de bien, homme de sens, homme de cœur, qu'il faudra pleurer à jamais, s'il n'est donné de sécher les larmes, qu'à un être qui le vaille, que ces paroles furent adressées :

Vous avez donc formé une commission du budget : il eût fallu me consulter. J'agissais autrement.

Je prenais dix-huit bornes : je les rangeais autour d'un tapis vert ; je plaçais celle-ci dans un fauteuil à bras, celle-là sur une chaise à dossier, le reste sur des banquettes. Et les laissant en liberté, les tenant à huis-clos, les gardant de tout bruit, je me retirais.

Puis à un mois delà, revenant sur mes pas : « Eh bien ! mes chers bornes, est-ce fait ?.... A quoi, l'unanimité du silence répond..... Or sus, qu'on me donne un bout de plume, un chiffon de papier, un coin de table ; et voilà que j'écris :

Cinquante millions de plus : cinq millions aux places fortes, cinq millions au matériel de l'armée, et cinq millions aux fonds de retraite : dix millions aux routes, et cinq millions au fonds de dégrèvement : trois millions au clergé de campagne, et trois millions aux gens de justice, et trois millions aux diverses régies, etc., etc.

Mais, disait l'excellent homme, cinquante millions en plus sur la dépense, et cinquante millions en moins sur la recette, car votre projet est d'abolir certain impôt ! Où les trouverez-vous?

Ne parlez point de les trouver : on n'a pas tant d'embarras. Les fonds s'offrent d'eux-mêmes ; il faut seulement se résoudre à les accepter.

Faites justice, et la contribution foncière donne vingt-cinq millions : suivez la loi, et la contribution mobilière donne vingt-cinq millions : ayez du bon sens, et les droits de barrière et d'octroi, les droits de patente, procurent au delà : n'ayez plus de système, et les douanes, les mutations, apportent encore davantage. (*De la matière imposable*, etc.)

Il n'y a qu'à recueillir : les richesses naissent sous les pas et tombent dans la main. Mais le malheur veut, que là où elles se trouvent, dans les recettes, on les rebute ; et que là où on les recherche, dans les économies, elles ne se rencontrent pas.

Le rêve des économies égare les meilleures têtes : ici, l'esprit d'épargne du père de famille, trompe ; là, le sentiment de la gêne des peuples, trouble : quelque part, la manie d'opposition ou la rage de subversion obsède ; partout, s'il faut le dire, le fol amour de la popularité possède.

Combien de motifs différens, contrastans, font ainsi alliance : dont, pas un seul ne se rapporte à la question, qui tous ensemble, n'ont encore offert aucun résultat.

C'est que tout simplement, en prenant le mot dans un sens large, il n'y a point d'économies à faire.

C'est qu'au moyen de l'analyse la plus commune, après avoir mis à part, cette masse de dépenses fixes, qu'en Angleterre on assigne sur le fonds consolidé, et que dans les Pays-Bas, on vote pour dix années, il appert que les frais de gouvernement proprement dit, sont plutôt au-dessous qu'au-dessus du nécessaire.

Depuis quinze ans, aucune chambre n'a manqué de travailler le budget, de retrancher et transposer des chiffres : autrement les députés seraient mal accueillis dans leurs foyers ; à la fin de chaque session, il semble que ce soit le bouquet obligé.

Qu'en est-il advenu ?

Rien que des services négligés et des rentrées compromises, des mérites méconnus et des jouissances violées : à moins qu'il ne faille porter en ligne, le plaisir de se venger d'un parti et le besoin d'humilier, d'embarrasser l'autorité.

Puis, le ridicule impolitique de donner sur le grand théâtre, devant l'auditoire envieux de l'Europe, le spectacle de vingt ou trente représentations, dont le sujet fort monotone et trop ennuyeux, n'est relevé que par le jeu varié, inégal et parfois extravagant des acteurs.

Ensuite le scandale inconstitutionnel de ne laisser à la chambre haute (comme elle est nommée en Angleterre et doit être nommée en France), qu'un vote de boules, de la dépouiller de sa prérogative tutélaire, de l'annuler.

Enfin, le désastre sans pareil d'inoculer aux peuples, à la suite de tant d'attaques, de tant de reproches, un sentiment de défiance, de haine, de mépris peut-être, contre la couronne même.

Et tout cela pour rien : ainsi qu'on le verrait en recensant et résumant le produit net des économies obtenues, accomplies, consolidées depuis quinze ans.

Il est bien rare qu'on veuille ou qu'on puisse entendre les autres : il n'est guère plus commun qu'on sache s'entendre soi-même.

Voyez par quelle route, avec quelle peine, on poursuit une ombre vaine ; les vœux se dirigent vers l'économie ; les efforts n'aboutissent qu'à l'épargne. C'est Harpagon qui sert de modèle, au lieu de Sully ou de Colbert.

Dans sa véritable acception, l'économie est la science de la richesse : en la rendant à ses titres, à ses droits, la scène change de face.

D'abord l'esprit de lésinerie disparaît : et au lieu de rogner sur les services, de chicaner sur les emplois, on vient à comprendre qu'autant qu'ils sont bien entendus, pas un seul ne manque à rapporter au bout de l'an, le denier 10 et 20 et 30 du prix coûtant.

Bientôt les vues s'étendent, s'élargissent : et on finit par se convaincre que l'économie vraiment politique est plutôt satisfaite par l'accomplissement de tout service moteur ou garant de l'action productive, que par l'abolition d'aucun subside justement assis et facilement perçu.

En preuve de cette vérité, il suffit d'énumérer, d'étiqueter les différentes sortes de services publics.

Services pour le maintien des contrats : liste de la couronne, dotation du clergé, retraites civiles et militaires, dette nationale, etc.

Services pour l'entretien de la justice et de la force : judicature, administration, armée et places fortes, marine et ports, etc.

Services au soutien de l'existence morale et physique : instruction publique, beaux arts et belles lettres, secours publics, hôpitaux et prisons, fonds de dégrèvement, etc.

Services au soutien de la richesse nationale : encouragemens, routes et canaux, douanes, etc.

Lesquels services en observant le principe d'où ils émanent et la fin où ils tendent, présentent le signe de l'état actuel de la sociabilité, apportent la cause des progrès subséquens de la civilisation.

S'en plaint-on? en est-on las? pour s'en défaire, la recette est facile. Qu'on retourne dans les bois. Là point de services, point de subsides. Quelle douce chose!

Au moins, un tel parti ne sera jamais pris par le libéralisme du siècle. L'ordre politique a ses compensations obligées : tandis que les lois, les mœurs, les temps peut-être, pressent la dissémination de la propriété foncière, au rebours les machines, les capitaux, peut-être aussi les temps, poussent à la concentration de la fabrique industrielle.

Or, sous le régime de la loi agraire, si ce n'était qu'obéir à la nécessité, en se débarrassant de tous les services publics, sous l'empire du monopole, il y a urgence au contraire à les renforcer, tant il survient de résistances et de risques.

Parlons raison même à ceux qui la renient.

Les services publics sont plus considérables qu'au dernier siècle, que dans l'avant dernier ou tout autre siècle, en rétrogradant jusqu'à l'époque de la création ; justement parce que la population est plus en nombre, les relations plus en mouvement, la civilisation plus en avance.

Les services publics sont renchéris, en conséquence de ces mêmes faits ; et du reste ne sont renchéris qu'en apparence, attendu que le signe monétaire est toujours apprécié au même titre, toujours indiqué par le même chiffre sur les livres ; bien que dans la balance des échanges, sous la loi suprême du marché, il perde chaque jour de son poids.

Mais dira-t-on, il y a profusion, prodigalité : des économies ne nuiraient pas aux services et seraient sauvés sur les subsides.

Rien n'est plus vrai. Seulement un tel travail ne peut être opéré que dans le cabinet des ordonnateurs. Quant aux réformateurs de tribune, ni leur génie, ni leurs veilles, n'auront d'autre effet que de retirer les espérances, de répandre les craintes, de relâcher le zèle ; occasionant ainsi, soit dans l'ordre politique, soit dans l'ordre bursal, un dommage infiniment supérieur à la mesquine épargne offerte à l'idole de la popularité.

Qu'on se calme donc, qu'on prenne enfin repos.

Pour enlever jusqu'au dernier prétexte, pour éteindre jusqu'au moindre scrupule, il suffit de retracer ces lignes d'un homme de mérite à qui le siècle ne pardonne pas, quoiqu'il en ait les principes, de n'en pas avoir les inconséquences.

« Si c'est une conséquence nécessaire du progrès des arts, de l'industrie et de la civilisation, que chaque homme qui travaille, produise plus que la valeur de ce qu'il consomme, et que, par conséquent, les producteurs seuls ne puissent pas suffire à tout consommer, il faut que, pour chaque accroissement dans les pouvoirs productifs du travail, il y ait un accroissement correspondant, dans la consommation d'une classe d'hommes qui ne produisent rien, ou dont les produits ne sont point vénaux. C'est la conclusion à laquelle M. Malthus est arrivé dans son dernier ouvrage d'économie politique; et il y a trouvé un motif d'affirmer que les prodigalités mêmes du gouvernement avaient quelquefois servi la richesse publique, en créant une classe d'oisifs et de consommateurs, sans laquelle la production aurait été bientôt arrêtée par l'encombrement des marchés. » (Nouveaux principes d'économie politique par M. de Sismondi, page 439.)

L'économie sociale, l'économie rurale, ont une fin unique, une commune fin, l'accroissement de la richesse, et ont de même deux sortes de moyens, l'augmentation des produits, la diminution des dépenses : dans le choix desquels, la première devrait suivre l'exemple constant de l'autre.

Quant à la formation, à la conservation, à la disposition des produits, d'abord les services publics qui les protègent, doivent être entretenus et respectés au dernier point : de plus, les subsides doivent être répartis et perçus, de manière à n'y porter d'entrave ou de préjudice, qu'au moindre degré possible.

D'où les considérations relatives aux dépenses, sont d'un ordre très inférieur, à celles qui se rapportent aux services, d'un ordre infiniment petit vis-à-vis celles qui se rattachent aux subsides.

Dans ses fins, le subside est un bien, puisqu'il garantit la société : dans son mode, le subside n'est point un mal, pourvu qu'il ne nuise, ni au maintien, ni à l'exercice du travail.

C'est sur ce point que réside la difficulté, dont les solutions sont différentes suivant les temps, les pays ; et peut-être à cause de cela même, n'ont pas assez fixé l'attention des économistes.

En général ils se sont bornés à rechercher des moyens coûteux et périlleux, qui dussent favoriser la production, au lieu de se vouer à écarter les obstacles, à adoucir les dommages que lui portent certains subsides : ou ils ont été absorbés par la prétention souvent vaine et toujours puérile de lutter en exportations, avec les états rivaux, sans apprécier suffisamment la convenance beaucoup plus haute de servir la consommation intérieure.

De sorte que les gouvernemens laissés dans les ténèbres, n'ont pas manqué de conserver, de consacrer, tels et tels impôts appropriés aux temps anciens, impropres dans les circonstances actuelles : et comme l'habitude travaille constamment, non pas à pallier en aucune façon, les inconvéniens matériels, mais bien à amortir l'impression des sens, à entraver l'élan de la pensée, à étouffer tout rayon d'espérance, rien n'a troublé la paix des gouvernemens.

Qui donc peut approuver un état de choses, où ni expérience, ni raison, ni prudence, n'interviennent avec autorité; où domine une seule puissance, laquelle n'entend rien, ne voit rien, la morne force d'inertie?

Qui donc peut se complaire au transport du *statu quo*, de ces temps morts de vétusté, à ces temps de fraîche origine et de naissance quelque peu équivoque, qui présentent des besoins et des ressources jusqu'alors inconnus, qui provoquent la sollicitude sur leur tendance à des écarts nouveaux, à des abus inverses ?

Parmi les hommes de cabinet, de tribune et même s'il est permis de les noter, parmi les hommes d'étude et de plume, pour peu que l'esprit s'occupe de ce sujet, l'opinion est unanime, est unique.

Or, si l'on doit supposer qu'un jour, l'opinion passe en volonté et que la volonté passe à l'action, double mouvement assez naturel ce semble et pourtant peu commun; il faudra d'abord intervertir l'ordre de la délibération du budget, et rejeter à la fin, le futile article des dépenses ou même le laisser de côté, et reconnaître au chapitre essentiel des recettes, la primauté, la suprématie.

Au moyen de quoi, le temps ne pressant plus et les esprits n'étant pas encore affaissés, il s'établirait sur le choix, le mode et le taux des impôts, une polémique contradictoire, entre les vœux divers et rivaux du pays, entre les conseils douteux ou certains de la science :

Non pas en ce sens que les conclusions dussent être prises par les Chambres et imposées aux Ministres; car trop souvent, la majorité soumise à ses intérêts ou dominée par des systèmes, opprimerait la minorité, dont le pouvoir suprême est le tuteur, le protecteur né.

Mais bien en cette manière que la discussion

dut offrir aux ministres, l'exposition des faits et la démonstration des principes, afin que de cette hauteur d'où la pensée embrasse tout l'horizon, dans cet isolement où la raison se rappelle et prévoit, un système général d'impôt fut conçu ;

Au moyen de quoi, lorsque le système lentement muri serait offert dans son ensemble ou par fragmens, aux sessions futures, les Chambres, après un examen consciencieux, avec un sentiment réfléchi, pourraient enfin consentir le vote de l'impôt.

Ce qui ne s'est pas encore vu et autrement ne se verrait jamais : car si la main poussée par on ne sait quelle fatalité, laisse tomber dans l'urne, des boules blanches ou noires, dont le recensement fait loi ; quant à l'esprit, dès que les lumières et la critique et le temps lui manquent, à dire vrai, il n'y a point de conception claire, point de conviction réelle, point de consentement libre ;

Et jamais l'intervention légitime et régulière des corps représentatifs dans la matière fiscale, ne fut aussi sollicitée, pour déblayer les voies, pour disposer les moyens, au devant de la marche du gouvernement ;

Soit qu'il y ait impossibilité à satisfaire des réclamations, qui se rallient de tant de points éloignés, ou se croisent en tant de sens opposés ;

Soit plutôt encore qu'il y ait nécessité, en partant de l'état présent des choses pour pénétrer aux secrets de l'avenir, de reviser les lois de l'impôt, de les refondre en conformité des temps, et à l'avance, de les modifier peu à peu, de plus en plus.

Les temps marchent : et dans ce siècle, dans notre pays, c'est au pas de course ; sans que l'autorité ait été jusqu'à présent douée de connaître, quand il fallait s'unir à leur mouvement, ni comment il était possible de tempérer leur tendance : et d'autant qu'elle s'est toujours comportée, de manière à outrer la vivacité de l'impulsion, tantôt par des faveurs et des complaisances, tantôt par une vaine colère et une folle résistance.

Dans l'ordre politique, dans l'ordre économique, les temps ne sont pas loin d'atteindre à ce terme, où le système bursal existant, ne sera plus supporté par les esprits, ne sera plus supportable pour les fortunes.

D'une part, la participation aux affaires publiques, par les moyens de la presse et des pétitions, et sous la forme des élections d'abord nationales, puis départementales, enfin municipales, porte aux individus, la conscience de leur force et prête aux partis, un moyen d'accord, d'alliance.

C'est au moment même où l'extension de l'in-
dépendance de chacun , nécessite davantage
l'action de la justice et de la puissance, que
l'extension de la liberté, ou plutôt de l'autorité
de tous, s'oppose à l'exercice de l'impôt, qui seul
la garantit.

D'autre part, deux faits matériels s'annoncent
déjà, s'affichent de jour en jour : soit la dissémination du sol, soit la concentration de la fabrique, l'une qui fonde une masse de propriétaires
vivant par eux-mêmes et à part de tous autres,
la seconde qui jette une tourbe de prolétaires
attachés à rien, et protégés en rien : résultats
analogues, immédiatement ou indirectement pro-
venus des causes les plus disparates.

Et de même les deux mouvemens travaillent à
éclaircir les rangs peu nombreux de la classe
moyenne, de cette classe où l'aisance et les lumières se tiennent en juste mesure et presqu'au
niveau, de cette classe dont l'existence fait l'Angleterre et l'Allemagne, la Suisse et la Hollande,
dont l'absence fait l'Espagne et l'Italie.

Les deux mouvemens tendent à ne laisser dans
le pays, qu'une rare opulence vis-à-vis une immense misère.

Dans l'ordre politique, les conséquences sont
menaçantes; sauf toutefois que la force occulte
de réaction venant à la traverse, n'arrête soudain

le cours des choses, et ne le retourne en sens contraire; quant à l'un, par l'effet d'une famine ruineuse; quant à l'autre, à la suite de faillites répressives.

Dans l'ordre économique, avant qu'elles se réalisent, et s'il se peut, afin qu'elles ne se réalisent jamais, c'est le lieu de se livrer aux plus graves, aux plus profondes réflexions.

La masse est faible en aisance, est forte en puissance : l'équité, la nécessité, parlent d'accord et disent, de la soulager, de la ménager.

Mais d'autant la prescription est impérieuse, d'autant les difficultés sont hautes. Si l'intérieur éprouve une crise inouïe, l'extérieur présente aussi des phases inconnues : tandis qu'au dehors, après une guerre interminable et sous des régimes inconciliables, il est besoin d'entretenir le développement des forces, au dedans il n'y a pas moyen d'obtenir le resserrement des subsides.

Les subsides doivent s'accroître en somme, et seulement le poids doit en être autrement réparti : c'est là où aboutissent, où se concilient les deux conditions obligatoires.

On peut apercevoir dans un avenir peu lointain, l'établissement d'un mode de subsides, dont le nom fait peur ou fait horreur, bien que sous des formes simulées, il ait eu lieu en Angleterre lors de l'*income tax*, et en d'autres États par les taxes somptuaires, les emprunts forcés; l'établissement de l'impôt progressif.

Le mot est dur à l'idée : la chose sera moins dure en réalité.

En fait d'impôt, la controverse est généralement bornée à qui déboursera ou ne déboursera pas.

Or où il n'y a rien, le Roi perd ses droits; et où il n'y a que le nécessaire, il n'y a rien : abstraitement, nulle opinion ne renie cette loi; pratiquement, toute opposition se retirera devant la nécessité.

En nul état de choses, on ne doit prendre que sur l'excédant, par delà le nécessaire absolu : et comme après ce point, de degré en degré, s'élève le nécessaire relatif, afin de ne pas l'abaisser au taux du nécessaire absolu, les taxes doivent être assises, en quelque rapport avec la gradation de l'excédant.

Dans l'ordre futur des choses, comme cet excédant, ne se rencontrera que dans un petit nombre de cotes, comme il ne montrera souvent qu'une très petite quantité disponible, la charge sera forcée à s'accumuler sur ces cotes, à s'aggraver suivant la progression de cette quantité.

Qu'en adviendra-t-il? Le mode diffère, la forme varie : le résultat est semblable.

Car l'excédant du nécessaire absolu ou relatif, étant dimé au profit du fisc, en raison de sa gradation, d'abord les dépenses de luxe, puis les dépenses d'agrément diminuent.

Et la commande s'arrête, le marché s'encombre; la fabrique se retient : le travail manque d'emploi, baisse de prix.

Et par suite, une main d'œuvre moins coûteuse, des produits moins chers, relèvent le marché, rappellent la commande.

En sorte que l'excédant, qui s'énonce à la vérité, sous un moindre chiffre, s'échange en réalité contre des valeurs égales.

En sorte que l'acquit de la charge, est supporté en dernière analyse par le salaire même.

L'excédant a déboursé : le nécessaire rembourse.

L'impôt n'a été progressif que dans le fait des avances : il est proportionnel lors de la liquidation.

Les temps futurs porteront l'ordre : les temps présens ne portent que la prière.

La société a conservé quelque part des dépouilles de son enfance, et subit encore l'impôt anti-progressif, l'impôt rétrogressif, si cela peut se dire, qui s'exerce à rebours, en sens inverse de l'impôt progressif, qui se dissimule au lieu de s'afficher à son exemple, qui se découvre difficilement dans les nombreux subsides dont le mode entraîne cet abus.

L'impôt a, pour caractère général, de lever sur le produit et le profit, ou de prélever sur le revenu, sur la dépense, telle quotité, telle fraction des valeurs ou des sommes saisies.

En supposant que le prélèvement ait lieu sur le revenu, c'est-à-dire sur l'excédant net du profit, après la déduction du nécessaire ; dans l'opération de l'impôt progressif, la fraction est variable et s'élève de taux, en raison de l'accroissement successif de l'excédant, passant ainsi du dixième, au neuvième, au huitième, etc.

Au lieu que, dans celle de l'impôt rétrogressif, la fraction est invariable et se maintient au même taux, malgré la décroissance consécutive de l'excédant ; restant ainsi au dixième sur une recette qui atteint à peine ou même laisse à découvert le nécessaire absolu, comme sur une recette qui se prête à l'extension illimitée du nécessaire relatif, qui sollicite l'invention de faux besoins et de folles jouissances.

Alors les dépenses de luxe augmentées, commandent le travail en plus grande quantité et en soutiennent, en relèvent le prix, ce qui procure une pleine compensation pour les artisans de ce genre, et ensuite, apporte quelque adoucissement aux ouvriers destinés à fournir leur entretien.

Mais, quant à la masse immense d'êtres productifs qui se trouvent étrangers à la répartition d'une telle sorte de faveurs, et même d'êtres improductifs auxquels on ne peut retirer le droit d'existence, les dépenses de nécessité sont ainsi entamées, sont atténuées, de manière à compromettre les chances de vie, à réduire la capacité des forces, à restreindre la formation des produits.

L'erreur est de bonne foi : une vague apparence la rend plausible, et une longue habitude empêche de la soupçonner.

Le mot de taxe proportionnelle semble emporter l'idée de justice relative. Et vraiment, en ne considérant que le chiffre de la somme, il n'y a rien de mieux que de percevoir 10 francs sur 100 francs, 100 francs sur 1,000 francs. Mais le chiffre est un signe abstrait; la somme a un emploi réel : l'égalité à l'égard du chiffre, tourne en inégalité vis-à-vis l'emploi.

Cet emploi nécessaire s'accomplit au moyen d'un prélèvement de valeur fixe, de pareille quotité, sur la plus forte et sur la plus faible somme : laquelle ne devient disponible pour le possesseur même, et n'est susceptible de la taxe proportionnelle, qu'après la déduction opérée.

L'exposition de quelques faits aura le double

avantage de faire connaître la présence du vice qui se dérobe trop souvent à la pensée, et de faire sentir la gravité des conséquences qui sont trop vaguement appréciées.

Si ce n'était s'écarter du sujet, il faudrait s'élever contre cette tendance instinctive qui se rencontre également sous les régimes monarchique, aristocratique et démocratique, non pas d'imposer formellement, mais bien de laisser retomber sur la médiocrité et l'indigence même, une charge comparativement plus lourde : ainsi que cela résulte des droits fixes d'enregistrement, de timbre, de greffe, et de la contribution personnelle en sorte de capitation, etc., etc.

C'est le même principe occulte, dont l'influence apparaît dans les exemples relatifs à la question.

D'abord on peut citer l'impôt des portes et fenêtres, lequel est assis en proportion des ouvertures du logis, et est acquitté en disproportion des moyens d'aisance, des besoins d'usage.

Mais une injure plus choquante, une injustice plus marquante, appellent, absorbent l'attention.

Il existe une contribution foncière : le principal est de 150 millions, auxquels doivent s'ajouter 50 millions pour les centimes du budget, et 50 millions pour les dépenses de département.

Le nombre des contribuables est de quatre millions cinq cent mille, dont cent mille paient

600 fr., quatre cent mille paient 120 fr., et quatre millions payent 12 fr., sur le principal.

Ne parlons pas de la classe intermédiaire : comparons seulement les deux extrêmes.

L'estimation des terres a-t-elle été opérée, en raison du produit ou du profit, ou du revenu ; et en tout cas, d'après le même mode, pour les tenues à bail, à moitié, à bras ?

Probablement, l'expertise se sera laissée éclairer quant aux unes, à la vue des contrats de ferme qui constituent le revenu ; au lieu qu'à l'égard des autres, elle aura été influencée par l'aspect d'une culture soignée, qui promet les plus riches produits.

Ce qui porterait quelque faveur à la première classe qui possède les tenues à bail, quelque préjudice à la dernière qui laboure les tenues à bras.

Sans s'y arrêter, supposons que la cotisation est vraiment proportionnelle et que la quotité contributive monte au sixième de la valeur qui a été prise pour type commun.

Là, gît le vice.

Encore faut-il se nourrir aujourd'hui, pour travailler demain, pour produire après demain.

Il y a donc à distraire, sur la valeur quelconque, le montant du nécessaire : et au cas que le profit ait fourni le type, s'il est estimé à deux, si le nécessaire est porté à un, le résidu ne présente plus qu'un.

En payant le sixième sur le chiffre brut 2, on paie le tiers sur le chiffre net 1 ; en payant le sixième sur le chiffre brut 6, on paie le cinquième sur le chiffre net 5.

Et la cotisation est proportionnelle quant à la valeur apparente, est disproportionnelle quant au résidu effectif : et la taxation se montre nominalement égale, se trouve réellement inégale, jusqu'à la différence du double.

En principe, c'est un pas rétrograde devers l'enfance des sociétés, où le tribut était levé sur le produit, que de le prélever ainsi sur le profit et non sur le revenu.

En résultat, c'est un tort grave envers la dernière classe, dont la quote part au taux de 50 millions sur le principal, et de 80 millions sur le total de la contribution foncière, devrait être réduite à moitié environ, à 40 millions.

Attendez cependant : à cette surcharge de cent pour cent, il vient s'adjoindre une autre charge de cent pour cent aussi.

Parmi les quatre millions de petits contribuables, tout père de famille imposé par moyen terme, à 20 francs au lieu de 10 francs, représente avec sa femme et ses enfans, devers cinq personnes.

Or, le fisc rencontre une denrée, la plus nécessaire après l'aliment, et souvent nécessaire à l'aliment même, dont la consommation obligée est égale pour chaque existence, est plutôt supérieure d'après la mal-aisance.

On ne peut la taxer, qu'en manière de capitation, qu'en raison d'un tarif uniforme et fixe par tête, soit que le revenu s'élève au plus haut degré, soit que le profit reste au pair ou en arrière du nécessaire.

Qu'importe? il y aura à payer, sous le prétexte de la dépense en sels, au moins deux francs par tête, au moins dix francs par famille.

Il y aura à prélever 10 francs, trop souvent sur le nécessaire absolu, et toujours sur le nécessaire relatif le plus restreint; encore 10 francs à titre de contribution indirecte, en sus de 10 francs à titre de contribution foncière.

C'est-à-dire que quatre millions de familles qui d'après la cote moyenne de vingt francs d'impôt, possèdent en valeur de prix de ferme, environ 500 millions de rente entre toutes, environ cent vingt francs de rente à chacune, subviendront, par delà le taux d'une répartition justement assise sur le profit net ou sur le revenu réel, chacune à part d'une somme de vingt francs, toutes en masse d'une somme de quatre-vingt millions.

Voilà comment l'impôt dit proportionnel, devient disproportionnel, devient rétrogressif.

Nota. Un passage des écrits sur la matière imposable vient éclaircir le premier point et indiquer quelque remède.

« Le système actuellement en vigueur, quant aux provinces où la propriété est divisée en fragmens, constitue un impôt progressif, non pas dans le sens banal de cette expression, mais dans le sens diamétralement opposé; non pas en raison directe de l'élévation des moyens, mais plutôt en raison inverse de la dégradation des ressources : car le coût d'entretien de la vie, qu'il faut bien respecter et tenir quitte de tout prélèvement, sauf à prononcer l'arrêt de mort, étant pris pour l'unité, celui qui n'a que deux, en payant le sixième du chiffre nominal, paie réellement le tiers du revenu réduit à un; et celui qui a six, au lieu de fournir un sixième sur le total, subvient du cinquième sur l'excédant au-dessus d'un. Tandis que pour ceux qui ont dix, et vingt et trente, l'unité toujours fixe tombe au rang d'une quotité relativement imperceptible, et l'impôt n'est plus qu'au sixième.

« Mais qu'on abolisse cette sorte de capitation, cette taxe sur les sels, laquelle au taux de quarante sous par tête, monte à douze francs par famille opulente ou misérable; et qu'on la remplace par une contribution terri-

toriale, équivalente, par exemple, au cinquième de l'impôt foncier; voilà que la famille propriétaire qui paie dix
francs d'impôts, c'est-à-dire qui lève du sol, soixante
francs de produit net ou de profit, est déchargée de
douze francs de capitation, et n'est rechargée que de
deux francs de contribution : tandis que celle qui paie
mille francs d'impôt, et par conséquent qui tire du sol,
six mille francs de produit net ou de revenu, n'est déchargée de même que de douze francs, et au contraire est
rechargée de deux cents francs.

« Au moyen de quoi, il y aurait un bénéfice successivement décroissant jusqu'à la cote de soixante francs d'impôt, jusqu'à la jouissance de 36o francs de produit net ; lequel produit, bien qu'après la distraction des frais d'entretien de l'existence, il ne se prête guère à la formation du
revenu proprement dit, néanmoins avec l'addition des
valeurs restituées par le travail, garantit une certaine médiocrité.

« Et il y aurait un sacrifice relativement ascendant, jusqu'à la limite extrême, quant aux cotes supérieures, qui à
mesure qu'elles porteraient les signes de l'aisance, de la richesse, de l'opulence, seraient ainsi appelées au secours
des conditions inférieures : de sorte à remplir à un certain
point, l'office tutélaire envers la société ainsi qu'équitable
envers l'individu, d'un large fonds de dégrèvement, appliqué aux petites cotes mises en souffrance. »

A. PIHAN DELAFOREST,

IMPRIMEUR DE MONSIEUR LE DAUPHIN ET DE LA COUR DE CASSATION,
Rue des Noyers, N° 37.